열까, 말까?
조선의 문

재미만만 한국사 18

열까, 말까? 조선의 문

초판 1쇄 발행 2020년 11월 10일 | 초판 14쇄 발행 2024년 12월 10일
글 이흔 | 그림 전기훈 | 감수 하일식
발행인 이봉주 | 편집장 안경숙 | 기획 안경숙, 구름돌 | 편집 및 디자인 구름돌
디자인 포맷 구름돌, 민트플라츠 송지연 | 마케팅 정지운, 박현아, 원숙영, 김지윤, 황지영 | 제작 신홍섭

펴낸곳 (주)웅진씽크빅 | 주소 경기도 파주시 회동길 20 (우)10881
문의전화 031)956-7440(편집), 031)956-7569, 7570(마케팅)
홈페이지 www.wjjunior.co.kr | 블로그 blog.naver.com/wj_junior
페이스북 facebook.com/wjbook | 트위터 @new_wjjr | 인스타그램 @woongjin_junior
출판신고 1980년 3월 29일 제406-2007-00046호 | 제조국 대한민국 | 사용연령 7세 이상

글ⓒ이흔, 2020 | 그림ⓒ전기훈, 2020
저작권자와 맺은 특약에 따라 검인을 생략합니다.

웅진주니어는 (주)웅진씽크빅의 유아·아동·청소년 도서 브랜드입니다.
이 책은 저작권법에 의해 한국 내에서 보호를 받는 저작물이므로 무단전재와 복제를 금하며,
이 책 내용의 전부 또는 일부를 이용하려면 반드시 저작권자와 (주)웅진씽크빅의 서면 동의를 받아야 합니다.

ISBN 978-89-01-24421-1 · 978-89-01-24403-7(세트)

잘못 만들어진 책은 바꾸어 드립니다.
⚠ 주의 1. 책 모서리가 날카로워 다칠 수 있으니 사람을 향해 던지거나 떨어뜨리지 마십시오. 2. 보관 시 직사광선이나 습기 찬 곳은 피해 주십시오.

재미만만 한국사
개화기
차례

1 6~29쪽
문을 열 때가 아니라, 개혁할 때다!

이름: 흥선 대원군

특징: 고종의 아버지

특기: 조선의 문 꼭꼭 닫기

술주정뱅이 행세를 하며 아들을 왕으로 만든 열혈 아버지. 10년 동안 아들 대신 나라를 다스린다. 서양 오랑캐라면 무조건 싫어한다.

2 30~63쪽
나라의 문을 열다

이름: 김옥균

성격: 적극적

목표: 조선의 개화

개화사상으로 똘똘 뭉친 양반 가문의 청년! 조선의 빠른 근대화를 위해 앞장서지만, 일본에 너무 의지하는 바람에 결국 실패하고 만다.

3. 나랏일을 돕고 백성을 편안하게
64~87쪽

이름: 전봉준
별명: 녹두 장군
싫어하는 사람: 조병갑, 외적

차별 없는 세상을 꿈꾸며 동학 농민 운동을 이끈 농민군 대장. 몸집은 작지만 나라와 백성을 위하는 마음만은 태산같이 통 큰 사나이!

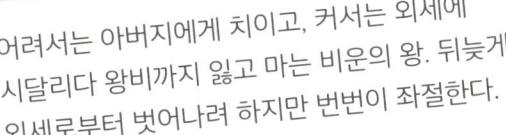

4. 힘들어도 가자, 근대 국가로!
88~109쪽

이름: 고종
직업: 왕, 황제
목표: 자주적 근대 국가 수립

어려서는 아버지에게 치이고, 커서는 외세에 시달리다 왕비까지 잃고 마는 비운의 왕. 뒤늦게 외세로부터 벗어나려 하지만 번번이 좌절한다.

1. 문을 열 때가 아니라, 개혁할 때다!

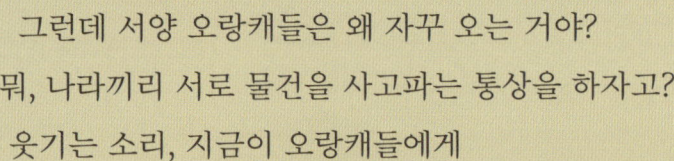

나는 고종의 아버지, 흥선 대원군.
이제 겨우 열두 살인 고종은
아직 어려서 나라를 다스릴 줄 몰라.
그러니까 내가 두 팔 걷고 나서서
엉망진창인 조선을 바로 세워야지, 흠흠.
그런데 서양 오랑캐들은 왜 자꾸 오는 거야?
뭐, 나라끼리 서로 물건을 사고파는 통상을 하자고?
웃기는 소리, 지금이 오랑캐들에게
나라 문을 열 때인가?
말도 안 되지.
그럼, 안 되고말고!

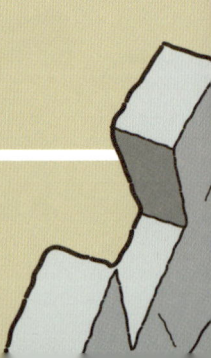

1863년, 드디어 내 아들이 조선의 왕이 되었어!
지금까지 나는 조선의 권력을 독차지한 안동 김씨들의
업신여김을 꾹꾹 참으며 이때를 기다렸지.

나는 안동 김씨 집안의 잔치를 찾아다니면서 권력에는 털끝만큼도 욕심 없는 사람처럼 굴며 그들의 움직임을 살폈어.

한편으로는 대왕대비 조씨의 마음에 들려고 애썼어.
대왕대비 조씨는 다음 왕을 정할 자격이 있었거든.

얼마 뒤 철종이 아들 없이 세상을 떠나자
마침내 기회가 찾아온 거지.

이제부터 내가 할 일은
안동 김씨 세력이 망가뜨린 조선을 바로잡는 것!
안동 김씨가 누구냐고?
나랏일을 전혀 모르는 꼭두각시 왕을 세우고,
큰 힘을 휘두르며 60여 년 동안 조선을 엉망으로 만든
몹쓸 사람들이지.

그래서 백성들이 먹고살기 힘들어 난리가 났었잖아.
1862년, 임술년에 온 나라에서
농민들이 벌 떼처럼 들고일어난 것 봐.
그때를 생각만 하면 지금도 아찔해.

도저히 못 살겠다!

경상도 진주의 작은 고을에서 시작된 난리는 경상도와 전라도, 충청도는 물론이고, 조선 곳곳으로 순식간에 퍼져 나갔어. 그 기세가 쉽게 수그러들지 않아 조정에서 골머리를 썩였다니까.

자, 이제 본격적으로 개혁 정치를 해 볼까?
"권력을 독차지하고 나라를 어지럽힌
안동 김씨들을 벼슬자리에서 모조리 내쫓고,
부패한 관리들을 가려내 벌주어라!"
나는 능력 있는 인재를 고르게 뽑아 벼슬을 내렸어.

무엇보다 중요한 일은
백성을 괴롭히는 세금 문제!
나는 토지 대장에 올리지 않은
양반들의 땅을 찾아내 세금을 물렸어.

또 신분을 가리지 않고
군포를 내게 했어.
양반이든 백성이든 군대에 안 가려면
집집마다 일 년에 두 냥씩 내야 했지.

고을마다 곡식 창고인
사창을 설치해
그동안 곡식을 조금 빌려주고
아주 많이 갚게 했던 환곡도
고을 사람들 스스로
관리하게 했단다.

선비들이 모여 공부하고 훌륭한 유학자들에게
제사 지내던 서원도 문제가 많았어.
나라에서 서원에 땅도 주고 노비도 주고 세금도 물리지 않으니
양반들은 서원에 땅을 맡기고 세금을 내지 않았지.
"전국의 서원 중 47곳만 남기고 모두 없애거라!"
그랬더니 공부하는 선비들이 궁궐 앞으로 몰려와 시위를 하네.
그런다고 내가 눈 하나 깜빡할 것 같아?

왕실의 위엄을 되찾기 위해 경복궁도 다시 지었어.
임진왜란 때 불에 탄 뒤 여태껏 그대로 놔두었거든.

경복궁을 지으면서 돈을 많이 걷다 보니
양반뿐만 아니라 백성들의 원망도 커졌어.
하지만 위풍당당한 궁궐을 보니, 왕실의 체면이 서네.

궁궐은 왕실의 자존심!

이렇게 나는 무너진 조선을 되살리려는 정책을 계속 내놓았어.
잘한다고 박수 쳐 주는 사람들도 있었지만,
불만을 가지고 투덜대는 사람도 많았지.
게다가 아직도 할 일이 산더미같이 많은데
서양 오랑캐까지 속을 썩였어.

병인양요

프랑스군은 대포를 쏘며 쳐들어와
강화도를 점령했어.
하지만 양헌수 장군이 이끄는
우리 조선군이 강화도 정족산성에서
프랑스군을 기습 공격하자
프랑스군은 사기가 크게 꺾여
결국 물러났지.
1866년, 병인년에 일어난
이 사건을 '병인양요'라고 해.

서양 오랑캐가 쳐들어온다!

1868년에는 독일 상인 오페르트가
내 아버지의 묘를 파헤치고 날 협박하려고 했다.
흥, 그런다고 내가 통상 조약을 맺을 줄 알았느냐?
예의와 염치를 모르는 서양 오랑캐 놈들!
이들에게 절대 조선의 문을 열어 주어서는 안 된다.
여봐라, 군사 훈련을 강화하고
경계를 더욱 철저히 하여라!

\ 들어올 테면 /

그런데 이번에는 미국 군함 다섯 척이
강화도 앞바다에 나타났어.
몇 년 전 통상을 요구하며 행패를 부린 미국 배
제너럴셔먼호를 평양 사람들이 불태운 사건이 있었는데,
그 일을 트집 잡아 통상을 하자는 거였지.
난 당연히 거절했고, 미국 함대는 총공격을 해 왔어.
저들에 비하면 조선군의 무기는 보잘것없었어.
하지만 우리 군사들은 죽을 각오로 싸웠고,
이에 놀란 미국 함대는 결국 물러났어.
이 사건이 1871년, 신미년에 일어난 '신미양요'란다.

우리 조선이 서양 오랑캐들을 물리쳤어.
그것도 두 번씩이나!
백성들도, 서원을 없앴다고 말 많던 선비들도
모두 나를 응원해 줘서 기분이 좋군. 껄껄껄!

이참에 사람들이 많이 다니는 곳에 척화비를 세워야지.
서양 오랑캐를 경계하는 마음이 느슨해지지 않도록 말이야.
프랑스와 미국 군대를 물리쳤지만, 마음을 놓을 수 없어.
서양 오랑캐들의 침략이 계속될 게 분명하거든.
그러니 문을 더욱 굳게 닫고, 저들과 절대 교류하지 않겠어.
그러려면 세금을 많이 걷어 군사 훈련을 더 많이 하고
더 강한 무기도 개발해야 해.
강화도와 주변 바닷가를 철저히 지켜야 하니까.

꼭꼭 닫아걸자, 조선의 문!

아니, 그런데 이게 뭐야?
최익현이 내가 나랏일에서
물러나야 한다는 상소를 올렸다고?
이럴 수가!
하기야 어느새 왕인 내 아들이 스무 살이 넘어 버렸어.
내가 벌인 일이 많긴 하지만, 물러나지 않을 핑곗거리도 없으니
어쩔 수 없지.

나는 10년 동안 조선을 다스렸어.
잘한 일도 있었고, 그렇지 못한 일도 있었지.
어떤 사람은 내가 외세의 침략을 막는다는 구실로
서양과 통상을 하지 않아
조선의 근대화가 늦어졌다고 해.
내가 나라를 다스린 10년 동안이
조선이 서양 문물을 받아들여
근대화를 해야 할 시기였다는 거지.
글쎄…….
난 그래도 조선의 문을 닫은 게 옳다고 믿어.

2 나라의 문을 열다

홍선 대원군은 앞뒤가 너무 꽉 막혔어.
나라의 문을 꼭꼭 닫아거는 바람에
개화의 기회를 놓쳐 버렸잖아.
서양의 문물과 제도를 받아들이는 개화 말이야.
나라의 힘을 기르려면
일본처럼 서양의 앞선 기술과 문화를 배워야 해.
나는 조선의 관리, 김옥균.
국왕인 고종을 설득해서 하루빨리
조선의 근대화를 이루겠어!

내가 서양의 개화사상에 처음 눈뜬 건
박규수 대감을 통해서야.
박규수 대감은 사신으로 청나라에 오가면서
세상 돌아가는 사정과 서양 기술의 우수함을
잘 알고 있었거든.
대감의 사랑방에서 나는 홍영식, 박영효, 서재필 들과 공부했어.
조선이 발전하려면 서양 문물을 배워야 한다고 뜻을 모았지.
우리와 같은 생각을 가진 사람들을 '개화파'라고 해.
우리는 하루빨리 조선을 개화해
힘 있는 나라로 만들려는 꿈을 꾸고 있어.
때마침 고종은 물론이고 왕비 민씨와
이번에 권력을 잡은 왕비 민씨의 집안사람들도
개화에 관심이 많으니, 잘된 일이야!

1875년 조선의 앞날을 결정짓는 큰 사건이 터졌어.
일본 군함인 운요호가 조선의 허락도 받지 않고
강화도 앞바다에 나타난 거야.
놀란 우리 조선군이 대포를 쏘자,
일본 군함은 기다렸다는 듯이 공격을 퍼부었어.
영종도에 사는 백성들까지 마구 죽이고
재물을 빼앗아 일본으로 돌아갔지.

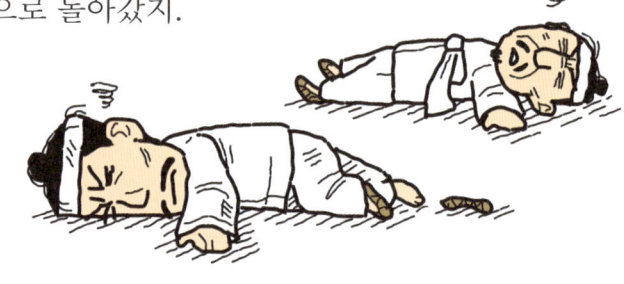

몇 달 뒤, 일본 관리들이 군함을 타고 강화도에 나타나
운요호 사건을 핑계로 통상을 하자고 했어.
이미 미국에 문을 열고 산업을 발전시킨 일본은
조선에 물건을 팔아 이익을 얻을 생각이었지.
일본은 요구를 받아들이지 않으면
전쟁을 벌이겠다고 했어.

소식을 들은 조정의 신하들은 펄쩍 뛰었어.
홍선 대원군이 나랏일에서 물러나야 한다고
상소를 올렸던 최익현이 앞장서서 반대를 했어.

하지만 박규수 대감을 비롯한 개화파 사람들은 찬성을 했어.
고종은 깊은 고민 끝에 일본과 조약을 맺기로 했어.
일본의 힘에 밀려 나라의 문을 열기로 한 거지.

1876년 조선은 일본과 강화도 조약을 맺었어.
국제 사회의 규칙에 따라 조선이 외국과 처음 맺은 조약이었지.
그런데 문제는 강화도 조약이 조선에 매우 불리했다는 거야.
언뜻 보기에는 일본이 조선을 다른 나라의 지배를 받지 않는
자주국으로 인정하는 것 같지만, 일본의 속내는
조선과 청나라의 관계를 끊어 청나라의 간섭을 막겠다는 거였지.
또 조선 경제를 야금야금 손에 넣고,
군사 정보를 모아 조선을 삼키려는 속셈이었어.
하지만 조선은 이러한 불리한 내용들을 바로잡지 못하고,
일본과 통상을 시작했단다.

강화도 조약(주요 내용)
일본의 속내

- **조선은 자주국이다.**
  일본이 조선을 침략해도 청나라가 간섭할 수 없다.

- **조선은 부산 이외의 두 항구를 연다.**
  일본 상인은 조선에 자유롭게 드나들며 물건을 사고팔 수 있다.

- **일본은 조선의 바닷가를 측량할 수 있다.**
  조선의 지형을 미리 알아 두어 조선 침략을 준비한다.

- **일본인이 조선에서 죄를 지으면 일본의 법에 따라 처벌한다.**
  일본인이 조선인에게 나쁜 짓을 해도 조선은 일본인을 처벌할 수 없다.

일본은 조선 관리들을 자기 나라에 보내라는 요구도 했어.
조선에게 일본의 발전된 모습을 보여 주며
일본과 적극 교류하게 하고 싶었거든.
"서양 문물을 받아들인 일본의 모습이 어떠한지
잘 살펴보아라."
고종도 일본의 근대화가 궁금했던 터라
김기수와 함께 수십 명의 관리를 일본에 보냈지.

일본의 모습을 전해 들은 고종은
적극적으로 개화를 하기로 결심했어.
1880년 김홍집이 일본에서 가져온 『조선책략』을 보고는
미국과 통상 조약을 맺기로 마음먹었지.

다들 『조선책략』을 읽어 보시오! 청나라 사람인 황준헌이 쓴 책으로…….

『조선책략』(일부)

러시아가 조선을 침략할 수도 있으니,
조선은 청나라, 일본과
동맹을 맺고 미국과 연합하여
러시아를 막아야 한다.

흠…….

그러자 영남 지방의 선비인 이만손과 유학을 공부하는
수많은 선비가 『조선책략』과 김홍집을 강하게 비판했어.
"사악한 서양 문물을 받아들이면 안 됩니다.
외세의 침략을 물리치고 우리의 전통을 지켜야 합니다!"
이렇게 서양과의 통상을 반대하는 사람들을
'위정척사파'라고 해.
내가 보기에는 참 답답한 사람들이었지만,
이들은 훗날 일본에 맞서 의병 운동을 일으켰단다.

위정척사파의 반대에도 고종은 흔들리지 않았어.
불도저처럼 개화 정책을 밀어붙였지.
위정척사파의 눈을 피해 일본에 관리들을 보내
앞선 문물들을 살펴보게 했단다.
청나라에도 사람들을 보내 새로운 무기 만드는 법을
배워 오도록 했어.

1882년 조선은 미국과 통상 조약을 맺었어.
그 뒤 영국, 독일, 이탈리아, 러시아, 프랑스와도
통상을 하게 되었지.
조선이 중국뿐만 아니라 세계 여러 나라와
외교를 시작하게 된 거란다.
하지만 조선과 통상을 맺은 나라들은 자기 이익만 챙길 뿐,
조선에는 아무런 도움이 되지 않았어.

조선은 미국과 조·미 수호 통상 조약을 맺었어. 조선이 서양과 처음으로 맺은 조약이지.

나, 김옥균도 일본의
발전된 모습들을 살펴보았어.
과연 일본은 별천지가 되었더군.
그런데 그즈음 조선에서
임오군란이 일어났어.
'별기군'이라는 신식 군대가
생기면서 원래 있었던
구식 군대가 찬밥 신세가 되었거든.
나라에서 개화 정책을 추진하면서 별기군에만 신경을 쓴 거지.
게다가 민씨 대감들이 제 욕심을 채우느라
구식 군대의 월급을 가로채는 바람에 구식 군대는
월급도 제때 받지 못했어.

그러다 구식 군대에 밀린 월급이 나오던 날,
군사들이 폭발하고 만 거야.

성난 군사들은 관리들의 집을 부수고, 일본 공사관을 공격했어.

개화에 불만을 품고 있던 백성들도 구식 군대 편을 들었어.

외국에서 들어오는 물건들 때문에 장사는 안 되지,

농사지은 쌀은 죄다 일본으로 실어 가지,

그동안 부글부글 끓었던 울화가 터진 거야.

몇몇 민씨 대감들은 구식 군대의 군사들에게 죽임을 당했어.
"이게 다 왕비 민씨와 그 집안사람들 때문이야!"
구식 군대의 군사들은 왕비 민씨가 개화를 한다며
나라 살림을 엉망으로 만들었다고 생각했어.
군사들은 급기야 왕비가 있는 궁궐까지 들이쳤지.
왕비 민씨는 후다닥 몸을 피했어.

당황한 고종은 흥선 대원군을
궁궐로 다시 불러들였어.
흥선 대원군은 우선
군사들의 분노를 가라앉혔어.

그러고는
왕비 민씨의 집안사람들을
조정에서 내쫓았지.

그 사이 왕비 민씨는 청나라에 연락을 해 도움을 구했어.
청나라는 '옳다구나' 하면서 바로 조선으로 군대를 보냈고
청나라 군대는 구식 군대의 군사들을 마구 잡아들였어.
그러고는 임오군란의 책임을 묻겠다며
흥선 대원군을 청나라로 잡아갔지 뭐야.
이거 국왕의 아버지한테 너무한걸.
어서 빨리 개화를 하고 나라의 힘을 길러
청나라에서 벗어나야 해.

사태를 수습한 청나라는 감 놔라, 배 놔라 하며
조선의 경제, 정치, 외교 등에 시시콜콜 간섭했어.
조선을 틀어쥐려는 청나라 때문에
고종의 한숨은 커져만 갔지.

청나라는 조선의 개화를 반대했어.
조선을 지배하려는 계획에 방해가 되었거든.
민영익을 비롯한 민씨 대감들은 자신들의 권력을 지키려고
청나라의 눈치만 살살 보았어.

지금 청나라와
맞섰다가는 우리 민씨
집안이 위험해.

분통이 터지지만
참자!

임오군란 이후 개화파는 개화 방법을 두고
급진 개화파와 온건 개화파로 나뉘었어.

나와 뜻을 같이해 오던
박영효, 서광범, 홍영식 같은 사람들은 급진 개화파,
김윤식, 김홍집 같은 사람들은 온건 개화파였지.

청나라의 간섭이 심해지고
민씨 대감들이
청나라의 편을 들면서
우리 급진 개화파 사람들은
관직에서 쫓겨났어.
나도 개화에 필요한 돈을
일본에서 빌리려다 실패하면서
조정에서 밀려났지.

조선의 개화가 늦어지자,
우리 급진 개화파는
마음이 급해졌어.
청나라와 민씨 세력을
무너뜨릴 방법을
궁리하며
기회를 엿보았지.

1884년, 갑신년 10월 17일,
우리는 우편 업무를 맡아보는 우정국이 세워진 걸
축하하는 잔칫날, 일을 벌였어.
우정국 근처 건물에 불을 지르고
모두가 놀라 우왕좌왕하는 사이
우리를 반대하는 민영익과 민씨 관리들을 없앴지.
이 사건이 갑신정변이야.

우리는 고종에게 품고 있던 뜻을 밝히고
새로운 정부를 꾸렸어.
새 정부가 나아갈 방향도 발표했지.
청나라의 간섭을 받지 않는 나라,
신분 차별이 없는 나라를 꿈꾸면서 말이야.
그러나…….

갑신정변은 사흘 만에
실패로 끝나고 말았어.
죽은 줄 알았던 민영익이
살아서 청나라 군대에
도움을 요청했거든.

청나라 군대가 조선에 들어오자
우리를 도와주기로 한 일본은 꽁무니를 빼고 달아났어.
홍영식은 죽임을 당하고, 나는 일본으로 몸을 피했지.
비겁한 일본!
그들 말을 철석같이 믿은 내가 어리석었어.
다른 나라에 의지하지 않고 더 철저히 준비해서
우리 힘으로 개혁을 해야 했는데……

갑신정변 때문에 많은 백성이 개화파에게 등을 돌렸다고 해.
일본의 앞잡이라며 날 욕하는 사람도 많고.
난 일본을 이용해 조선의 개화를 빨리 이루려고 한 것뿐인데.
억울하지만 우리가 너무 일본에 의지하긴 했어.
우리 생각을 백성들에게 잘 알리지도 못했고.
아, 이제 와 후회한들 무슨 소용이람!
그런데 이번에는 조선이 청나라의 간섭에서 벗어나기 위해
러시아에 의지하려고 해.
아, 조선이 근대 국가가 되는 길은 멀고도 험하구나!

3. 나랏일을 돕고 **백성**을 편안하게

이게 사람 사는 세상이 맞아?
나라님아, 관리들아, 개화를 한다며 백성들만 힘들게 하고
왜 돌보지는 않는 거요? 도대체 왜, 왜, 왜?
흠흠, 너무 흥분했나?
난 전봉준, 농민군 대장이야.
별명은 몸집이 작아서 녹두 장군.
하지만 내가 품은 꿈은 태산보다 크다고.
아무도 우리 백성들을 돌보지 않는다면
우리가 직접 낡은 제도를 뜯어고쳐
사람 사는 세상으로 만들겠어!

조선의 백성들이 얼마나 살기 힘드냐고?
외국과 물건을 사고파는 곳인 개항장을 한번 봐.
면제품, 성냥, 램프, 자명종…….
생전 처음 보는 서양 물건들이
조선으로 쏟아져 들어오고 있어.

일본 상인들은 이 물건들을
공장에서 만들어 조선에 가져다 팔고,
조선에서 나는 쌀과 콩 등을
헐값에 사서 일본으로 가져가고 있어.
그 바람에 조선에서는 곡식값이 올라
백성들은 먹고살기가 힘들지.
오죽하면 함경도에서 곡식 수출을
금지하는 방곡령을 내렸겠어.
이렇게나 살기 힘든데 세금 내랴
탐관오리에게 돈 뜯기랴
백성들은 살아도 사는 게 아니야.

내가 농사지은 쌀, 나도 못 먹어 봤네!

아이고!

내가 살고 있는 전라도 고부 지역만 해도 그래.
이곳 군수인 조병갑은 백성의 피땀을 쥐어짜는
천하에 몹쓸 관리야.
멀쩡한 저수지가 있는데 그 아래에 저수지를 또 만들고
물을 끌어다 쓰는 백성들에게 물세를 내게 했어.
자기 아버지의 비석을 세운다며 돈을 걷고,
이런저런 이유로 잡아간 뒤 돈을 받고 풀어 주는 순 악질이었지.
하루는 참다못한 내 아버지가 고을 사람들과 함께
조병갑을 찾아가 하소연을 했다가
호되게 매를 맞고 세상을 떠나고 말았어.

세상에 이리 분하고 원통한 일이 또 있을까?
"이렇게 당하고만 살 수 없어!"
나는 동학교도들을 모으기로 했어.
동학이 뭐냐고?
동학은 서양 종교인 천주교,
즉 서학에 맞서 최제우 교주께서 만든 종교야.
서양 세력으로부터 나라를 지키고
백성을 구하기 위해서였지.

여기서 잠깐,
동학에 대해 한 말씀!
동학은 '사람이 곧 하늘'이라는
'인내천' 사상을 내세우고 있어.
양반이든 상민이든 천민이든
사람은 날 때부터 평등하며
하늘처럼 귀하다는 뜻이지.
그런데 조정에서는 동학이
백성들을 홀린다나?
그래서 교주님을 처형하고
동학을 금지했어.
하지만 날이 갈수록 살기 어려워진 백성들이 동학에서
희망을 찾으면서 동학교도는 점점 늘어났어.

나는 고부 지역 농민군들과 함께 조병갑을 직접 벌하기로 했어.
1894년, 갑오년 1월 10일 새벽,
세찬 바람을 뚫고 천여 명의 농민들이 장터에 모였어.
대나무를 깎아 만든 죽창을 하나씩 들고서 말이지.
나는 농민군을 이끌고 고부 관아를 들이쳤어.
"조병갑은 당장 나와라!"

조병갑은 농민들의 우레와 같은 함성에 놀라
담을 넘어 도망가 버렸어.
"윽, 분하다! 내 손으로 잡았어야 했는데."
"앞으로는 백성들을 함부로 대하지 못할 것입니다."

농민군은 감옥에 억울하게 갇힌 사람들을 꺼내 주고,
조병갑이 빼앗은 쌀을 백성들에게 나누어 주었어.

이 소식을 들은 조정에서는 난리를 바로잡을 관리를 고부 지방에 내려보냈어. 그런데 이런, 조병갑보다 더 못된 관리가 올 줄이야!

관리는 난리에 앞장선 자들을 찾는다며 마을을 쑥대밭으로 만들고, 농민들을 붙잡아 매질했어. 농민들의 분노는 또다시 부글부글 끓어올랐어.

"조병갑만 몰아내면 될 줄 알았는데, 그게 아니었어!"
"흥, 관리들은 죄다 그놈이 그놈이군."
"저따위 관리를 보내다니, 우리를 우습게 본 거야!"

사발통문이 돌자, 수천 명의 전라도 농민들이
고부 지방으로 모여들었어.
흰옷을 입고 죽창을 든 농민들로 백산 언덕은 출렁거렸어.
"우리는 나랏일을 돕고 백성을 편안하게 하려는
'보국안민'을 위해 일어났다!
썩어 빠진 관리들의 목을 치고, 백성을 고통에서 구하자!"
"우리가 직접 나라를 바로잡자!"
1894년 3월, 1차 동학 농민 운동이 일어난 거야.

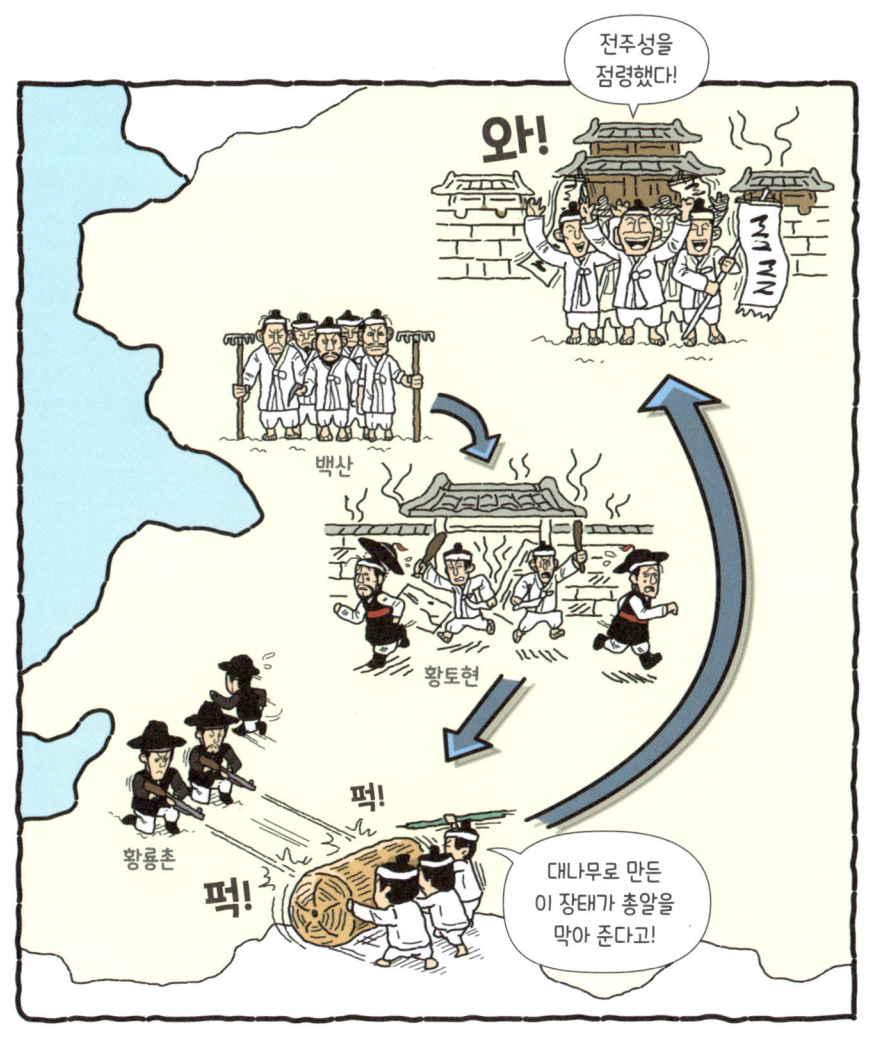

농민군이 황토현 고개에서 관군들을 물리치자,
조정에서는 신식 무기를 갖춘 군대를 보냈어.
하지만 기세등등한 농민군을 누가 막을 수 있겠어?
농민군은 신식 군대를 뚫고
전라도 지역에서 가장 큰 전주성까지 차지했지.

하지만 승리의 기쁨도 잠시.
조정에서 청나라에 도움을 요청했어.
제 백성을 치려고
남의 나라 군대를 끌어들이다니!
아무리 급해도 이건 아니지.
청나라 군대가 조선에 들어오면 일본이 가만히 있겠어?
예전에 청나라와 일본 중 어느 한 나라가 조선에 군대를 보내면
나머지 한 나라도 군대를 보내기로 조약을 맺었거든.

참, 이를 어쩐다?
다른 나라들이 호시탐탐 조선을 노리는데
조선 사람끼리 싸울 수도 없고…….
우리는 고민 끝에 싸움을 멈추기로 결정했어.
"우리의 요구를 들어주면 고향으로 돌아가겠소!"
"농민군이 흩어지면 그렇게 하겠다!"
농민군은 무기를 내려놓고 전주성을 나왔어.
잘못된 제도를 바꾸고,
백성이 차별받지 않는 세상을 만들기 위한
동학 농민군의 싸움은 여기서 멈추는 듯했어.

고향으로 돌아온 농민들은 집강소를 세우고 고을을 돌보았어.
집강소는 농민 스스로 고을을 다스리기 위한 기구야.
하지만 농민군은 다시 싸움을 시작해야 했어.
농민군이 흩어졌는데도 일본군이 자기 나라로 돌아가지
않았거든.

"농민들이 난리를 일으킨 것은 조선의 정치가 잘못된 탓이오.
우리 일본의 도움을 받아 조선을 새롭게 바꾸시오!"
일본은 조선을 마음대로 하려고 했어.

또 일본은 조선에서 청나라와 한판 전쟁을 벌였어.
다른 나라 군대를 조선에서 내보내려고 우리가 흩어진 건데,
조선 땅에서 전쟁까지 벌이다니, 이게 뭐람?
게다가 일본이 청나라에 이겼다는 소식까지…….
이대로 가면 일본이 조선을 꿀꺽 삼킬 텐데, 가만있을 수 없지.
"나라가 망하면 백성이 어찌 하루도 편할 수 있겠는가?"

그리하여 1894년 9월, 수십만 명의 동학 농민군이
다시 들고일어나 한양으로 향했어.
2차 동학 농민 운동이 시작된 거야.
조선을 침략한 외적에 맞서
전라도, 경상도, 충청도의 농민들이 힘을 합쳤지.
농민군이 공주의 우금치 고개에 이르렀을 때,
조선 관군과 일본군이 농민군 앞을 막아섰어.
"우금치만 뚫으면 한양으로 간다! 두려워하지 말고 맞서라!"
농민군은 비 오듯 쏟아지는 총알을 뚫고 앞으로 나아갔어.

하지만 대포와 신식 무기를 가진 일본군을
어찌 이기겠어.
우금치 고개는 농민군이 흘린 피로 붉게 물들었고,
농민군은 뿔뿔이 흩어졌어.
갑오년이 저물어 가는 12월, 나는 일본군에 사로잡혔어.
신분 차별 없는 평등한 세상을
우리 손으로 반드시 만들고 싶었는데,
끝내 뜻을 이루지 못했어.

들자 하니, 김홍집이 이끄는 새로운 개화 정부가
일본을 등에 업고 개혁안을 쏟아 내고 있다며?
사람들은 이것을 '갑오개혁'이라고 하더군.
이 개혁으로 조선은 서양식 제도를 받아들이고
근대적인 모습을 많이 갖추게 되었다지?
신분 차별을 없애고 서양식 교육을 하는 등
지금 너희가 사는 모습에 한층 가까워진 거야.
농민군이 그토록 원했던 신분제가 없어지다니,
우리의 싸움이 헛되지 않았구나.
다만 일본의 입맛대로 이루어지는 개혁이라,
조선의 앞날이 어찌 될지 걱정스러울 뿐이란다.

나는 이제 떠날 때가 되었구나.
마지막으로 나라님께 하고 싶은 말이 있어.

새야 새야 파랑새야.
녹두밭에 앉지 마라.
녹두꽃이 떨어지면
청포 장수 울고 간다.

녹두 장군 전봉준 아룁니다!

전하!
동학 농민군은 나라를 해치려 한
사람들이 아닙니다.
부패한 관리들을 벌하고
외적을 물리치고자 일어난,
조선을 사랑하는 백성들입니다.
지금 나라의 운명이 바람 앞의 등불 같습니다.
조선을 노리는 적들은 사방에 있으나
나라는 힘이 없고,
백성의 삶은 무너지고 있습니다.
부디 동학 농민군의 희생이 헛되지 않도록
모두가 평등한 나라,
자주적인 독립 국가를 만들어 가십시오.

4 힘들어도 가자, 근대 국가로!

왕 노릇 하기 참 힘들군.
나는 조선의 26대 왕인 고종.
서양 문물을 받아들여 부강한 나라를 만들려고 했는데,
다른 나라에 휘둘리고 백성들도 고통받고 있으니…….
요즘 일본이 하는 짓을 보면 조선을 삼키려는 게 분명해.
청나라도, 러시아도 우리를 이용해
자기네 이익만 챙기려 들고.
이게 다 나라의 힘을 키우지 못한 탓이야.
하지만 아직 늦지 않았어.
우리 힘으로 조선의 근대화를 이루고 말겠어!

일본의 간섭을 받기는 했지만 어쨌든 갑오개혁으로 조선이 좀 더 근대 국가의 틀을 갖추기 시작한 건 사실이야.
쳇, 내가 자주적으로 개혁하려고 했는데…….
일본은 청·일 전쟁에서 이긴 뒤 더 강하게 개혁을 요구했어.
난 개혁안을 담은 홍범 14조를 발표했단다.

홍범 14조(일부)

- 청나라에 의존하지 않는다.
- 왕은 대신과 의논해 정치를 한다.
- 나랏일과 왕실 일을 구분한다.
- 세금은 반드시 법에 따라 거둔다.
- 1년 예산을 세워 나라 살림을 운영한다.
- 지방 수령의 권한을 제한한다.
  - 우수한 젊은이들을 외국에 보내 학문과 기술을 배워 오게 한다.
  - 법을 엄격하게 만들어 백성의 생명과 재산을 보호한다.
  - 신분이나 지위를 가리지 않고 널리 인재를 뽑아 쓴다.

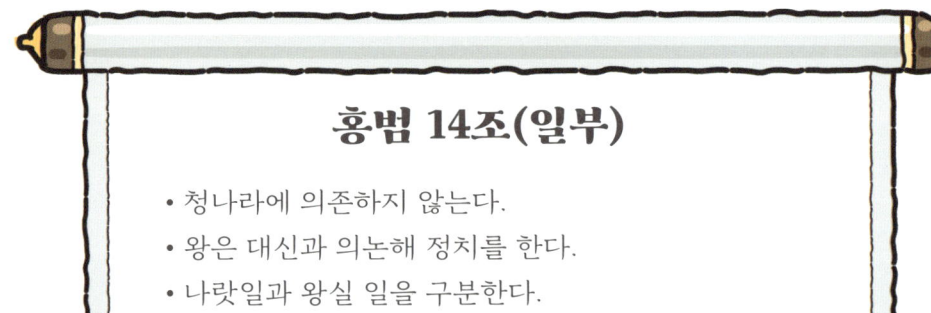

홍범 14조는 일본의 간섭 아래에 만들어진 법이야.

청나라와의 전쟁에서 이긴 일본이
청나라의 랴오둥반도까지
꿀꺽 삼킬 줄은 상상도 못 했어.
일본의 힘이 그렇게 셀 줄이야!
그런데 뛰는 놈 위에
나는 놈 있다더니,
그 말이 딱 맞지 뭐야.
러시아가 일본을 막아서네!

"전하, 일본의 압박이 날로 심해지고 있습니다.
이런 일본을 막을 수 있는 나라는 러시아뿐입니다."
청나라가 무너진 뒤 점점 심해지는
일본의 간섭을 걱정하던 왕비 민씨가 말했어.
"러시아가 일본을 이길 수 있다고 생각하시오?"
"러시아는 일본보다 훨씬 큰 나라입니다.
일본을 막는 데 러시아가 도움이 될 것입니다!"

나는 먼저 일본과 친한 김홍집 등을 내쫓고,
러시아와 가까운 신하들에게 나랏일을 맡겼어.
일본군이 만든 군대인 훈련대도 없애 버렸지.
일본의 명령에 따라 움직이는 군대는 필요 없으니까.
러시아가 무섭긴 한가 봐.
일본이 꼼짝 못 하더군.

일이 불리하게 돌아가자,
일본은 무시무시한 일을 꾸몄어.
1895년, 을미년 8월 20일 새벽에
일본인 자객들이 왕비를 죽이러 경복궁에 침입한 거야.
을미사변이 일어난 거지.

"왕비 민씨를 찾아라!"
왕비는 궁녀 옷을 입고 궁녀들 틈에 숨어 있다가
자객들에게 죽임을 당했어.
그들은 왕비의 시신을 불태워
못된 일을 저지른 증거를 없애려 했단다.

전 세계가 일본을 비난했어.
할 수 없이 일본은 관련된 사람들을
자기 나라로 불러들여 재판했지.
하지만 결과는 무죄!
증거가 부족하다는 이유로 모두 풀려났단다.
아, 나라가 힘이 없으니 이리 원통한 일을 겪는구나.
힘없는 조선의 왕으로서 나도 할 말이 없다!

하지만 백성들은 달랐어.
왕비의 끔찍한 죽음이 알려지자 백성들은 크게 분노했고,
일본과 맞서 곳곳에서 의병들이 일어났단다.
게다가 개혁을 해야 한다며 일본이 단발령을 강제로 실시하자
백성들은 더욱 거세게 반발했지.
단발령은, 모든 남자는 상투를 자르고
머리 모양을 서양 남자들처럼 바꾸라는 거였어.
일본은 본보기로 내 상투를 가장 먼저 잘랐어.
아, 어쩌다 내가 이런 수모를 겪게 되었는지!

부모님이 주신 머리카락을 함부로 자르는 것은
불효라고 여겼기 때문에 백성들의 반발은 아주 심했단다.
반발이 거세어지자, 일본은 길 가는 사람들을
강제로 붙잡아 상투를 잘랐어.

분노한 양반과 백성은 조선 곳곳에서 의병을 일으켜
일본군과 일본을 도와주는 친일파 관리들을 공격했어.
"내 목은 잘라도 내 머리카락은 자를 수 없다!"
강화도 조약을 반대했던 최익현도
단발령에 맞서다가 감옥에 갇혔지.

일본의 감시는 날로 심해지고, 나는 아무도 믿을 수 없었어.
왕비처럼 나도 일본 놈들의 손에 죽는 건 아닐까, 늘 불안했지.
하루는 러시아 공사가 날 찾아왔어.
"전하, 경복궁을 떠나 러시아 공사관으로 오십시오.
저희가 안전하게 지켜 드리겠습니다."
1896년 2월 11일 새벽, 나는 세자를 데리고 러시아 공사관으로
몸을 피했는데, 이 일을 '아관 파천'이라고 해.

나는 러시아 공사관에 머물면서 친일파 관리들을 잡아들였어.
일본이 추진하던 개혁들도 당장 중지시켰지.

세상에 공짜는 없는 법! 러시아는 곧 본색을 드러냈어.
조선 왕실을 지켜 준다는 구실로 이것저것 대가를 요구했지.
남의 집에 얹혀사는 신세에 거절할 수도 없고,
요구를 들어줄 수밖에.
그러자 다른 나라들도 떼를 쓰더군.
"조약에 따라 우리도 러시아와 똑같이 대우해 주시오!"
러시아를 견제하려면 다른 나라의 요구도 들어줘야겠지.
일본의 손아귀에서 벗어나려다가
이 나라 저 나라에게 휘둘리는구나.

러시아 공사관에 온 지 어느새 일 년이 되었어.
어서 여기에서 나가야겠어.
내가 공사관에 온 뒤로
러시아가 조선 일에 너무 간섭하려 들거든.
궁궐로 돌아오라는 백성의 요구가
빗발치고 있기도 하고…….

"그래, 백성의 바람처럼
다른 나라에 휘둘리지 않는 자주적인 나라를 만들자!"
나는 백성들의 뜨거운 환영 속에
너희 때에는 '덕수궁'이라 불리는
경운궁으로 돌아왔어.
그러고는 스스로 힘으로
조선을 근대 국가로 만들 계획을 세웠지.

"우리나라는 일본, 청나라와 대등한 나라이다. 이제부터 왕을 '황제'라 부르겠다."

1897년 10월 12일, 나는 황제가 되는 즉위식을 열고, 대한 제국이 자주독립국임을 세상에 널리 알렸어.

연호도 중국의 것을 버리고, 새 연호를 광무로 정했어. 대한 제국을 세운 1897년을 광무 1년으로 삼았지.

"황제의 나라에 걸맞게 나라 이름을 '대한 제국'으로 바꾸겠다."

"전 세계 나라들이여, 대한 제국은 누구의 간섭도 받지 않는 자주독립국이오!"

또 억울하게 죽은 왕비를 명성 황후로 높여 부르고, 그동안 하지 못한 장례도 성대하게 치렀어.

하지만 러시아의 간섭은 여전했고, 다른 나라들은
들은 척도 하지 않았지.
러시아와 프랑스 등이 조선에서 이익이 될 만한 것들을
계속 빼앗아 가자, 독립 협회는 이 나라들을 맹렬히 비판했어.
독립 협회는 서재필이 개화파 관료들과 함께 만든 단체야.
"러시아는 물러가라. 대한 제국은 자주독립국이다!"
독립 협회는 황제와 정부에 바라는 여섯 가지 개혁안인
헌의 6조도 내놓았어.
나는 그들의 의견을 받아들여 정치를 바꿔 나가겠다고 했어.

그러자 독립 협회를 반대하던 몇몇 관리가
불안한 낯빛을 보이며 나에게 거짓 보고를 했단다.
"독립 협회가 황제를 몰아내고
대통령이 다스리는 나라를 세우려고 합니다!"
어찌 감히!
나는 독립 협회를 강제로 해산시켜 버렸어.

"산업을 발달시켜 부유하고 강한 나라를 만들겠다!"
나는 대한 제국을 새롭게 할 광무개혁을 추진했어.
러시아와 일본이 팽팽하게 힘을 겨루는 틈을 이용해
그들의 간섭을 받지 않고 개혁을 밀고 나갔지.

나는 대한 제국을 근대 국가로 만드는 데 온 힘을 쏟았어.
하지만 일본의 간섭이 심해져 개혁은 중단되고 말았단다.

조금만 일찍 우리 힘으로 근대 국가를 세웠더라면
이렇게 다른 나라들에 휘둘리지 않을 텐데.
남의 손에 이끌려 나라의 문을 열고
근대 국가의 모습으로 바뀌어 가고 있지만,
우리 힘으로 근대화를 하지 못한 탓에
부강한 나라는커녕 대한 제국의 주권까지 위협받고 있어.
광무개혁은 우리 힘으로 자주적인 근대 국가를
세울 수 있는 마지막 기회였는데…….
아, 나의 부족함에 고개를 들 수가 없구나!

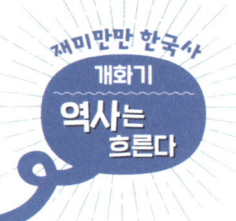

재미만만 한국사
개화기
역사는 흐른다

영조, 탕평책 실시.
1725년

정조, 규장각 설치.
1776년

최제우, 동학 창시.
1860년

고종 즉위. 흥선 대원군 집권.
1863년

꼭꼭 닫아걸자 조선의 문!

동학 농민 운동이 일어남.
1894년

와! 와!

갑신정변.
1884년

단발령을 내림. 을미사변이 일어남.
1895년

어쩌다 내가 이런 수모를…….

아관 파천.
1896년

경복궁을 다시 짓기 시작함.
1865년

병인양요.
1866년

신미양요가 일어남. 척화비 세움.
1871년

척화비

더 이상 참을 수 없다!

임오군란이 일어남.
1882년

강화도 조약.
1876년

고종이 직접 나라를 다스림.
1873년

고종, 대한 제국을 수립함.
1897년

나라 이름을 '대한 제국'으로 바꾸겠다!

고종, 황제 자리에서 물러남.
1907년

글 이흔

출판사에서 어린이책을 만들었고, 지금은 우리 역사와 문화를 공부하며
어린이책을 쓰고 있습니다. 쓴 책으로는 『내가 진짜 조선의 멋쟁이』,
『사회는 쉽다! 모두 우리나라야!』, 『조선 선비 유길준의 세계 여행』,
『우리 역사 노래 그림책』 등이 있습니다.

그림 전기훈

네이버 그라폴리오에서 '후니'라는 이름으로 육아 일기를 연재하고 있습니다.
옳은 것을 이야기하고 그 안에서 창조적인 즐거움을 그려 낼 줄 아는 정직한
작가가 되기 위해 열심히 노력하고 있습니다. 그린 책으로는
『그게몬데 지식 탐험대 우리 생활사』, 『그게몬데 지식 탐험대 우리 문화재』가 있습니다.

감수 하일식

연세대학교 사학과를 졸업하고, 같은 학교 대학원에서 고대사를 연구하여 박사
학위를 받았습니다. 현재 연세대학교 사학과 교수로 학생들을 가르치고 있습니다.
쓴 책으로는 『신라 집권 관료제 연구』, 『경주 역사 기행』, 『한국 고대사 산책』(공저),
『고려시대 사람들의 삶과 생각』(공저) 등이 있습니다.